「小顔」ってニホンではホメ言葉なんだ!?

ツ人が驚く日本の「日常」

［原作］サンドラ・ヘフェリン

［漫画］流水りんこ

KKベストセラーズ

プロローグ

こんにちは！
漫画家の流水《ながみ》りんこと申します!!
いよいよオリンピックも近づいて
日本を訪れる外国人も年々増えておりますね
パ
GAME
そんななか前作『満員電車は観光地!?』では「世界中の人から見た日本」をご紹介しました
サンドラ・ヘフェリン
流水りんこ
満員電車は
観光地
世界が驚く日本の「日常」

Hallo《ハッロー》!
あの本の原作・原案はドイツ×日本のハーフサンドラ・ヘフェリンさん！
髪の毛パーマかけたの ー
実は『満員電車〜』を描いている時にサンドラさんといろいろお話ししていて
ぎゃっはっは
ぎゃっはっは え――っ ドイツの人ってヘン
なにそれ〜っ 変人ばっかり
あっはっは
え――っ じゃあ 日本人って ドイツ人のこと どう思ってたの？
打ち合わせはいつもこんな感じ
そりゃあ 日本人の ドイツ人への イメージは
ビール！ ソーセージ！ 体がでかい！ 質実剛健！ でマジメで 硬い所が 日本人とちょっと 似ている！
あっははは ははは

確かに当たってるところもあるけどそれだけじゃないですよね
ドイツ人にとっての日本人がビックリの連続みたいに
え？サンドラさんじゃあドイツ人が日本へ来て驚くことってどんなことなの？
ふっ
ということで!!
ドイツ人から見たここが不思議日本人!!
ドイツを知って日本人も知るマンガ はじまりはじまり〜〜〜♡
ドイツに特化!! ドイツ人と日本人を知る本

"KOGAO" TTE NIHON DEWA HOMEKOTOBA NANNDA!?

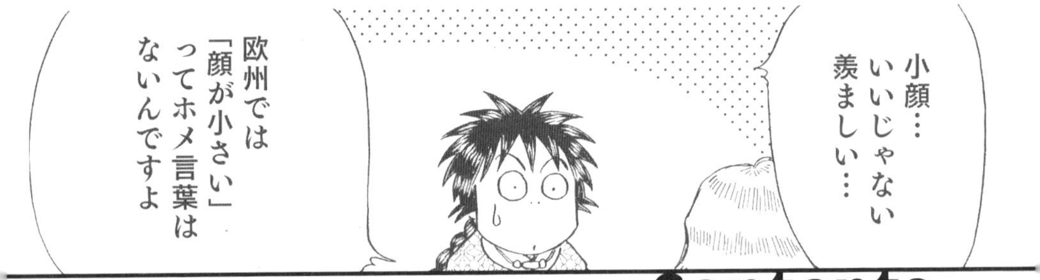
小顔…
いいじゃない
羨ましい…
欧州では
「顔が小さい」
ってホメ言葉は
ないんですよ

Contents

"KOGAO" TTE NIHON DEWA HOMEKOTOBA NANDA!?

by Sandra Haefelin and Rinko Nagami

Book Design by Izumi Saito [rhyme inc.]

ドイツ人が日本に来て驚くこと

というわけでサンドラさんから見て日本に来たドイツ人が最初に驚くことって何？
そりゃあまず
日本の住居や家具のサイズがドイツ人には小さすぎて驚きます
トイレも洗面所もキッチンの作業台もテーブルも椅子も低すぎて腰が痛い!!
Nein!《ナイン》※
Nein!
平均ドイツ人男性身長約180cm ドイツ人女性身長約170cm
Nein〜〜〜〜〜!
ガッー
日本家屋が大好きなドイツ人って結構多いけどみんな鴨居にオデコ打って傷だらけです

※「No!」という意味

ちなみに私もステキだなと思って日本のソファに座って撮った写真がコレ
Nein!
3人がけなのに…
たしかに必要以上に大きく見えますね
日本人って小さなスペースに器用にいっぱい可愛いモノ作りますよね～ドイツ人にはちょっと厳しいサイズですけど…
でっでもそれ言ったら飛行機の座席とかだってドイツ人には小さいでしょー？
エコノミーなんて日本人でも狭いよー
ドイツ人は「そこはそういうものだこればっかりはしょうがない」と思っているので気にしませんね
…
やっぱり妙にマジメだよねー

そう ドイツ人って 海外旅行が とても好き ですしね
シートが小さい くらいガマン ガマン
…で ドイツ人が 日本人に対して 思う謎
日本人って なんでそんなに 国内旅行が 好きなの？ と思っている
えええ
だって温泉もあるし 風景もいいし その産地ならではの ご当地グルメも あるし 大っ好きよ!!!
逆に ドイツ人は 国内旅行 しないの!?
ええ ドイツ人って 国内旅行 キライですね ……
なんでよ——っっ!?

理由の一つが ドイツ人は 自分の地元愛が 強いというか
私はミュンヘン 生まれ!! ベルリンなんかに 行けますか!
Wenn schon, dann München!
それはどこの 地域の人も 同じで
だまれ ミュンヘン ベルリンが 最高!
クヴェードリンブルクが ベストなのは 明白
大昔 国内で ずっと戦争が あった名残り なのかも しれません けどね~~~~
七週間戦争 とかね
So《ゾー》 ein《アイン》 Quatsch《クワッチュ》! (くだらないっ!)
だからドイツでは 休暇明けに 国内旅行したとか 言った日には その人は
ありえない
変人!!
つまらない人
ダサい奴!!
すごいレッテル
ドイツ人 激しすぎ!!
じゃあどこが ドイツ人にとって 最高なの

そりゃあ海の少ないドイツ人にとっての最高の休暇は
ビーチ!!
古くはギリシャイタリア今はバハマやモルディブでしょう!!
なんかドイツ人のイメージ崩れてきた…
侘び寂びのわかるヨーロッパ人かと思ってたよ…
あっでも私は半分日本人のせいか
観光温泉グルメ お土産寺社巡り♡
国内旅行大っ好きでーす
侘び寂びのわかるハーフです♡
それドイツに行くと変人扱いねサンドラさん…

日本人は太っ腹!?
日本人って友達に会いに遠くまで行ったり
皆で遠い場所まで遊びに行ったりするけれど
日本人って太っ腹!!
は?
だってドイツ人の場合自分が持ってる学校や会社とかの定期券で行ける範囲しか遊びに行かない人普通にいますよー
ごめんリーベ定期が足りないので
君に会いに君の街まで行くことはできない!実に残念だ!
え…?定期が足りないってどゆこと!?
えーーーっっ
※全員ではありません

ドイツ人はムダがとても嫌いなんです
メモ用紙も表裏びっしり余白を残さず書くのはあたり前それどころか
お金持ちなのにクリスマスカードとか誕生日カードは使い回しが当たり前っていう人もいますからね
封筒変えてるだけ
去年もらったカードは大切にとっておいて今年また送ります
Merry Christ
ある時など日本に赴任してきたリッチな企業の人が
むあ〜〜…
Nein!
日本でのカー・エアコンがもったいないってつけずにいたけど
6月末に根負けして結局車にエアコンつけることになったとか
6月末…負けるの早っっ
え〜〜〜とドイツ人はエコロジーが徹底してる？？？

いやハッキリ言えばドケチなんですドイツ人
うわあミもフタもなさすぎサンドラさん!!
いやそれって合理的で節約家ってことよね
日本人なんてゼータク三昧で使い捨て製品溢れてるし資源のムダ使いよりはいいんじゃないかって…
見習わなきゃねドイツ人
よく言えばそうですけど
やっぱりケチなんだと思いますよ…
でそんなドケチなドイツ人にさらにケチだと言われてる地域がありまして
それがここシュヴァーベン地方
フランクフルト
シュヴァーベン地方
ミュンヘン
…

シュヴァーベン人のケチぶりをからかうジョークってドイツにはいっぱいあって
シュヴァーベンでタクシーが川に落ちる事故発生
死者はタクシーの乗客42人!!
タクシー代ケチって相乗り42人もしてるって意味ね
シュヴァーベンの男に別れ話を持ち出した女
この指輪返すわ
うんわかったよ
ところで君指輪の箱と包み紙も返してくれない?
シュヴァーベンの父から息子にあてた手紙
息子よ元気でやりなさいところでお前にお金を同封したかったのだがお金を入れる前に封をしてしまったので入れられませんでした~
とても残念です
んなワケないだろッ

ドイツ人のジョークきっつ〜〜〜〜
私 前に日本で『浪費が止まるドイツ節約生活の楽しみ』って本を出した時
取材にきたドイツのメディアに「サンドラさん ミュンヘン出身じゃ説得力ないからシュヴァーベン出身って言いなさい！」って言われたし
ひー
日本でも大阪の人が商人魂だとかケチとか言う人いるけどここまでは言わないなー
大阪の人は明るくてオモロイけどシュヴァーベンの人はちょっと違うと思う
ヘルマン・ヘッセも『車輪の下』で
シュヴァーベンの人は頭がひからびるほど固くて頑固で哲学的な人が多いって書いてるんだけどそれも一つの理由かなー
よく言えば堅実な土地柄
うわヘッセにまで言われてるんだ〜〜〜
シュヴァーベンの人ある意味スゴイ

ドイツ人のお金の使い道

ところでドイツの人はそうやって節約したお金を何に使っているの？
日本人はブランドのカバンや時計・服・車
住んでる家やマンションに見栄をはる人が多いですよねー
ドイツ人はズバリ高級住宅地に住むこと!!にこだわります
え？

高級住宅街で立派な家を持ち
美しい窓に花をいっぱい飾る
これがドイツ人の最高のステータス
そりゃあ日本人も高級住宅街は好きだけど
あれは庶民には手が出ないからブランド時計とか車を買うのであって…
うーん日本の住宅事情もありますけど
まあドイツ人はコツコツ貯めて家に投資しますよね

その証拠に初対面のドイツ人同士はだいたい「名前」を聞きあったあと
どちらにお住まいで？
「住んでるエリア」を聞くんです
どっちが箔のつく場所に住んでいるかはとても重要
最初の勝敗が決まる!!
そしてこだわり抜いた場所にこだわりの住宅を建て
次にはこだわりの家具！
キッチンにこだわりの300万円もする木製の家具をそろえ

そんなこだわりのキッチンが油で汚れるのが嫌なので料理などしません!!!
大まじめ
ホントにこういう人がいるらしい
家の中にあるこだわりの一生モノの家具を汚さないよう壊さないよう
おそるおそる暮らすドイツ人
ひっそり…
そんな素敵な家でそ——っと暮らしながら
クリスマスカードを使い回したりして節約しているのですね…
Ja《ヤー》, das《ダス》 ist《イスト》 doch《ドッホ》
selbstverständlich《ゼルブストフェアシュテンドリッヒ》!
(そんなの当たり前!)

日本は犬に厳しい社会？

よく来日したドイツ人が嘆くのが
日本には動物と一緒に住めるマンションが少なすぎます〜〜〜〜!!
日本もだいぶペット可のマンション増えてきたんだけどね〜
ドイツ人はとにかく動物好きですね
ケージに入れなくてもフツーに犬が子供料金で電車やバスに乗れますし

それどころか
マンションなどに住む
時には大家さんが
こういうことを言う
ことが多い
申し訳ないけど
うちはワンちゃんは
いいんだが
子供はＮＧでね
理由は
犬はしつければ
大人しいが
子供はドタバタ
うるさいからね
トーゼン
マジ
日本
だったら
大炎上！
ドイツは
犬を飼うのは
当たり前
人間よりも
犬の方が
ウェルカムな
社会なんです
ドイツも
少子化ですが
理由の一端は
ここかも
……

ドイツでは日本のようなペットショップも法律で規制されています
狭い場所に動物を閉じこめ見世物にするのが×なんです
そっ そういえば友人の知り合いが仕事でドイツに住む時に
ずっと飼ってて家族同然だったチョウゲンボウを連れて行こうとしたら
30cm位の小型ハヤブサ類
ドイツにペットとしてチョウゲンボウを持ちこむならその鳥のために
6m×12mの飼育ケージを用意しないと動物保護法違反になります!!
えーっ
えええ
チョウゲンボウは野性種なので特に大問題

6m×12mって
ヘタすると
日本の一軒家が
それくらいの
サイズだよね
ドイツ
徹底して
ますからね
このチョウゲンボウ
その後いろいろなことが
考慮され無事に
一緒にドイツ入国が
できたそうな
じ…じゃあ
ドイツ人は
飼っている犬が
こだわりの家具を
傷つけても
怒らないんですかっ
そういうこと
しないように
キチンと
躾をするのが
ドイツ流
犬の飼い方
犬が
家具を
傷つけたなんて
言ったら
ちゃんと躾を
してないダメ飼い主
レッテルですよ
じゃあ
ネコが傷つけたら!?
ウサギはっ!?
カメはっ!? インコはっ!?
躾けられるものは
ちゃんと躾けるし
躾けられない
ものは対処
するんだと
思ってますよ
なんで泣いてんのー
流水さん
動物を躾できない人
ダメ飼い主

それに
ドイツには
tierlieb《ティアリーブ》
って言葉が
ありまして これは
「動物に優しい」って
意味ですけど
「動物に優しい」人が
尊敬されるし
これで人の評価が
決まる所があるんです
だからドイツ人は
いかに自分が
ｔｉｅｒｌｉｅｂかを
アピールしたがり
ますよねー
ウフフ
アハハ
ワン
ワン
良い人間の証明
これが
ドイツ人の
ツボですね♡
ハチ公物語とか
フランダースの犬とか
花咲かじいさんとか
見せてやりたいわー
南極物語は
きっとダメね
犬全部連れて帰って
人間南極に
置いてけとか
言いかねないわー

Sandra's column 01

国の法律よりも○○が優先される社会

来日したドイツ人がびっくりすることの一つに、「日本は国の法律よりも、企業独自の規定が優先される」というのがあります。

ドイツ人にとって「国の法律」は順位が一番上に来るもの……というと聞こえが良いのですが、逆に言うと、国の法律以外は何も信じない&従おうとしない、という困った側面がドイツ人にはあります（笑）。

たとえば、ドイツでは国の発行している公的な証明書である「パスポート」は順位の上で「最高」のものであります。よって、身分を証明するにあたって、免許証よりも、保険証よりも、マンションの契約書よりも、公共料金の支払い証明書よりも、「パスポートが一番上」であります、ドイツでは。

そんな「パスポート命」のドイツ人が日本に来ると、エライことになります。「パスポートが一番（信用される）！」と信じてやまないドイツ人ですが、日本の場合、パスポートよりも免許証や保険証、キャッシュカードや社員証の方が信用されることがあります。

サンドラ自身もかつて日本のレンタルビデオショップで会員証を作ろうとし、パスポートを持参したら、「パスポートでは、住所が確認できませんので、会員証は作れません」と言われ、「えええええっ！」と驚いたことがあります。

レンタルビデオショップにとっては、パスポートよりも、住所が印刷されている公共料金の支払い証明書やマンションの賃貸契約書の方がむしろ信用度が「上」だったりするので面白いです。

　ドイツの場合は、ある程度統一されていて、どこに行っても「パスポートが一番信用度の高い証明書」ですので、「ある企業はパスポートを認めるけど、別の企業は公共料金の支払い証明書の方を優先する」ということはないのですね。日本の場合は、企業が独自にルールや規則を作って、「法律よりも我が社のルールを優先」させるのが当たり前で、インド人はビックリならぬドイツ人はビックリです。

　別の例を挙げると、国の法律では髪を染めるのはオッケーなのに、企業の規定で「ウチは茶髪はダメです」とやっちゃうのも、ドイツ人からすると、ビックリなわけです。ドイツで生活していると、国の法律よりも大事な企業や学校の法律ってあまりないので、日本にいるドイツ人は、ニッポンの会社や学校の規定にビックリ仰天します。

　だって、日本の学校（たとえば中学の校則）って、勝手に生徒のスカートの長さまで決めていますよね（笑）。国の法律には書いていないのに（笑）。

日本のマナーのここがスゴイ!

私 日本のマナーって すごいなって 思ってることが あるんですよー
え？ 何？
それは 犬の糞が 街に落ちて いないことです!!
日本人って犬の 散歩の時 みんな 手にビニール袋 持って
犬の糞 全部 持ち帰るじゃ ないですか！

ドイツなんて犬の糞はみんなそのまま放置ですよ
ココ。
ココ。
ココ。
ココ。
もちろん街の清掃人がいて道の掃除はしているんですが
毎日じゃないので目が届かなかったり追いつかなかったりで
たまにず――っと忘れられてるヤツとかあって
けっこう踏んじゃうこと多いし
いや踏んだってカピカピになってるならいいけど
雪の下でわからなくて春先にドロドロで出てくるのなんてもう悲惨…
うっ…
絵にしませんあしからず。

よくある美しいドイツの雪景色…なんて絵葉書みたいな景色もよく見れば犬のオシッコで黄色くなってて…
サンドラさん夢を壊さないで〜〜〜〜〜っ
ドイツ人にとっては自分ちのワンちゃんが元気なのが何よりですからね♡
tierlieb! の精神です
ンコ踏んだ方のドイツ人は怒らないの？
そりゃめっちゃ怒りますよ!!
私も何度踏んだことか——ッ
うわあ——っ

というわけで日本の「人に迷惑をかけない」マナーの良さに感動しますよー
日本ステキ♡
だいたいこの「迷惑」って概念ニュアンス的にドイツ語に翻訳できないんです！
えっ そなの？
日本の「迷惑」の意味を説明しようとするとドイツ人は「どこからどこまでが迷惑なのか？基準は人によって違うではないか」と問い詰めてきますよ
その点日本人は「迷惑」に対する共通認識があるからマナーが良いですよね
いやいやサンドラさん
日本がこんなにマナーに気をつけるようになったのここ30年くらいよ
ちょっと前まではそこら中に犬の糞どころか
あっちこっちでオッサンが立ちションしてたりマナーのない奴ばっかりだったし
野良イヌウロウロしてたし
経済成長して海外とつながるようになってやっとマナーが良くなったのよね
ふーん
まあ日本って狭いから一人迷惑なヤツがいても結構大変だしねー
人口密集率高いし

Sandra's column 02

日本のゴミ箱には縄張りがある？

ニッポンの街は犬の糞が落ちていないので奇麗ですが、街中のゴミ箱事情については、日本に住むドイツ人からの苦情が多いです（笑）。

日本では、国や市が設置しているゴミ箱って少ない印象を受けます。ドイツと比べて、日本の道端には誰もが自由に使えるゴミ箱がほとんどないんだもの。コンビニの前にはゴミ箱がありますが、これはコンビニが設置しているものですので、そのコンビニで買い物もしないで、自分が道端で食べたリンゴの芯（ドイツ人はよく歩きながら、リンゴを食べる。笑）を捨てるのはさすがに憚られますしね。

日本の道端にあるゴミ箱は、「その店」のゴミ箱であることが多いのですね。

ＪＲのゴミ箱はＪＲに乗らないと使えないですし（そもそも切符がないとゴミ箱のあるホームに行けないです）、地下鉄のゴミ箱もしかり。あ、地下鉄にはゴミ箱が少ない気がします……。

ドイツの場合は、「何の利害関係もないところ」にゴミ箱があるので、気持ちがいいです。普通の道端や、歩行者天国の道の真ん中などに置いてあります。お店ではなく国や市が設置したゴミ箱ですね。

日本の考え方がドイツと違って面白いなあ、と思うのは、日本人は「これはドコソコのゴミ箱である！」という縄張り意識が強いこと(笑)。コンビニのゴミ箱にはコンビニで買ったものしか捨てちゃいけない雰囲気がありますし、マンションや一軒家に併設されているゴミ置き場も、部外者はゴミを捨てちゃいけない雰囲気ですし、実際に捨ててはいけないのだとサンドラは理解しています。

これがドイツ人にとっては不思議なんですよね。ドイツ人的な感覚だと「ゴミはゴミなんだから、分別さえすれば、どこのゴミ箱に捨てたっていいじゃないか」です。

日本はゴミ箱にも縄張りみたいなのがあって不思議でございます。

もう一つ不思議なのは、「日本ではゴミを持ち帰る」ことが求められていること！ ドイツ的な感覚だと、ゴミは常に出るものだから、いたるところにゴミ箱が設置されてしかるべきで、「ゴミ箱がないから、ゴミを持って帰る」というのは「日本人って我慢強いというか根気があるなあ……」と感じるみたいです。

ラッピングの謎

日本で生理用品を買うと店員さんが
とても丁寧に黒いビニールや紙袋に入れてくれます
これにドイツ人は
おまたせしました
なぜ!?
と思います
女の子特有の
恥ずかしいとかそれ以前に
いや生理ってあたり前のものだから
あ…りがとうございましたー
それより資源のムダが気になる…
エコじゃない
これが正しいドイツ人

Sandra's column 03

「迷惑」がドイツ語に正確に翻訳できない理由

日本人は子供に注意する時に、よく「人に迷惑かけないこと！」と言いますよね。これが抽象的すぎてドイツ人には分からないようなんです（笑）。

なので、ドイツの親はもちろん子供に「人様に迷惑をかけない子に育ってほしい」とか「人様に迷惑をかけるような人になっちゃダメ」とは言いません。

ドイツ人って、空気を読めないのはもちろん、象徴的なこと（たとえば「人に迷惑をかけない」）について想像を膨らませ、おそらくこういうことなんだろうな……とやるのが苦手な人達なんです。具体的に言われないと分からないという（笑）。

まあ日本のこの「迷惑」の概念をドイツ人に説明してもキリがない（サンドラは以前、「人が不快になるようなことを、日本では迷惑だと言う」といった旨の説明を試みたところ、相手のドイツ人から「不快に感じることなんか、人によって違うではないか！服一つにしたって、穴がいっぱいあいてるボロボロのジーンズを不快に感じる人もいれば、ステキ！と思う人もいるし、そもそも……」とそれはそれは長～いお説教を食らったのでした。でもさあ。犬の糞が落ちていて、不快に思うのは、おそらく皆同じですよね？そういうところは納得しようよー、ドイツ人!!と思いましたでござ

Sandra's column 03

います）。

ちなみに、ドイツ人自身に次のことを投げかけると否定されることが多いのですが、ぶっちゃけドイツ人は「キリスト教」の影響が強いです。とくにサンドラが出身のミュンヘン（南ドイツ）はカトリック教会の影響が強いです。

ドイツ人本人が「違う。オレはもう脱会した」と力説していても、なんというか社会における価値観や考え方の基本は教会の教えに近いところがやっぱり根強く残っていますね。

なので、いわゆる「十戒」に書かれていることだったら、ドイツ人に納得してもらえることが多いです。「浮気はダメ！」とか「隣人の奥さんを求めてはならない」とかね（笑）。

ちなみにサンドラもカトリックですが、先ほど、十戒を思い出そうとしたら、7項目ぐらいで止まってしまいました……（1．親を尊敬すること。2．ウソはつくな。3．盗みをしてはならない。4．神様が複数いるのはダメ！（神は一つ！）5．浮気をしてはならない。6．隣人の奥さんを求めてはならない。7．人を殺してはならない。あとは、えっと、えっと、えっと……）

それでそれで、その十戒の影響からか、ドイツにはいい年をした大人が、「ウソは絶対についてはいけない!!」と小学生のように思っていたり、言っていたりします。そういう人に限って「自分は教会の影響は受けていない。脱会したし」とか言うのですが。

しかしですね、「ウソはダメ！」と言いますが、こういう人達は社交辞令も言わないのでしょうかねえ……。

ドイツで生活をしていると、社交辞令はおろか、愛想笑いの一つもしないドイツ人をよく見かけますので、おそらくそういう人は「ウソはつかない!!」という信念を実行しているに違いありません。直球で「あんた、ニキビがすごいわね」と言ってしまうことが「正直で良いこと」だとサンドラは思わないのですが、人によっては（ドイツ人によっては）「ウソはダメ！　正直はすばらしい！」となるのかもしれません。

……っと、少し話が飛んでしまいましたが、ドイツ人にとって「人に迷惑をかけるのは良くないこと」という日本風の概念がいかに「遠い」ものかということがお分かりいただけましたでしょうか（笑）。

日本人同士だったらある程度「以心伝心」で通るものであっても、外国人と付き合う時はなるべく口に出して説明をしなくては通じ合えない、と言われていますよね。ドイツ人に関しても例に漏れず、やはり説明をすることが大事です。でもそれさえ心がけていれば、コミュニケーションは意外とスムーズにいくんですけどね。

ドイツ人が日本人に親近感を持つこと

ドイツ人
ビジネスマンが
日本人にちょっと
親近感を持つこと

おっ アメリカの ○○社の ミスター・ジョン・モリソンから
受注連絡の メールが 届いたぞ
Hi Albert.
I hope you are fine.
さっそくだが受注がキマッタ.
Thanx
John.
おっと タイのミスター・チュラーロックも メールを…
Hi Albert.
実はきみんとこの品物に
ついて質問があるんだけど
中国の ミスター・ファン…
Hi Albert.
Hw r u ?
ところで
ファイルがまだ
届いてないんで
届けてね。
Zhimai.

日本のミスター・ムラマツ…
Dear Mr. Albert Bauer
Thank you for your continuous support.
It is getting hot suddenly in the last few days.
I hope your business...
ミスター・アルバート・バウアー様
大変お世話になりありがとうございます。
日本ではここ数日気温が上がってまいりました。
お仕事も順調なことと思います。
!!
Muramatsu!
Herrlich《ヘルリッヒ》!
(オー!
ムラマツさん
スバラシイ!!)
で、本題に入らせていただきますがこのたび当社は移転をすることに…
返事をすぐ書かなきゃ!!
ジュンイチ・ムラマツさん
お忙しいところメールを頂きありがとうございます
日本の夏は暑いのですね
くれぐれもお体大切に
さてさて貴社におかれましては移転とのこと…
カチャ
カチャ
カチャ
カチャ
カチャ
カチャ
アメリカ人とかタイ人とか中国人とかフレンドリーだけどアッサリ短かくて不安になっちゃって～
ドイツ人も日本人と同じでメールの書き出しと結びの挨拶が異様に長いんです…
そっそこに親近感…

満員電車のココがすごい!!

カタン
ドイツ人が日本に来てやっぱり一番びっくりするのが
カタン
…
カタン
満員電車
しつこいようですが
…
カタン
…
カタン
…
カタン
…
カサ
カサ
パタッ
パタッ
カタン
カタン
カタン
…
パサッ
カサ
あの新聞の折り方はどうなっているのだ!?

しかも あの男は 新聞を 読みながら
Repeat after me…
口が動いている
イヤホンで 英語教材を 聞いている ようだ
♪
彼は ノリノリで音楽を 聴きながら 仕事のメールを 打ってるし
あの男に いたっては 新聞を 読んでいるのか
音楽を 聴いているのか ゲームを しているのか
す…すごいぞ 日本人!! こんな中で複数の 事柄をこなす…
なんと 合理的な!!
い…いや 私だって 合理性を 愛する ドイツ人
ガサ ガサ
すちゃっ
私だって… 私だって…

しっ 新聞…
どう
折れば…
ガサ
ガサ
ガサ
ガタン
わ
きゃっ
バサバサ
うわ
ドスン
ひっ
わー誰かの
トランクが
足元に
スミマ
セン
どなたかの
スマホ
落ちてますよ…
スミマ
セン
…ドイツ人って
実は手先が
不器用なんです
よねー
狭い空間で
いろいろやるって
絶対ムリ
きゃー
誰の
新聞?
スミマ
セン
混んでる
電車で
新聞広げちゃ
ダメだよー
スミマ
セン
ゴメン
ナサイ
…
ドイツの
機械とかは
スゴイのに～
なんで
だろーね

日本人の歯は繊細?

ドイツの歯医者さんは超合理的
日本の歯医者さんが
ハイ ちょっとチクッとしますよー
大丈夫ですかー?
ハイ一度口をゆすいでくださいー
じゃ今日はここまで来週は…
一本の歯を何回もかけて治療するのに対し
ハイ治療終わりました
時短! 合理的!
一度の治療で親知らずをいっぺんに4本平気で抜いたりします
…
ドイツ人タフだわ〜〜〜……
ドイツに赴任されたりする方ちょっと気をつけてねー

ビールは流れる○○?
夏になって ビア・ガーデンで 冷たいビール 飲んでる時って あ～大人で 良かったー 20歳以下の子供 ごめんなさい! って感じよねー
20歳!?
20歳まで ビールだめ!?
ビールだけじゃなく アルコール全般 ダメですっっ
Warum《ヴァルム》 denn《デン》 das《ダス》?! (なんで!?)
っていうのが 家族連れで 来日したドイツ人の フツーの反応です
…

ドイツでは14～15歳は家族同伴ならビール・ワインシャンパンはOKなんです
子供と大人が酒をくみかわす光景
えー？
日本だったら子供にお酒飲ませたっていって同席した大人は検挙されるよ！
もちろん14歳以下の飲酒は違反だし
親がいない所で16歳以下がお酒飲んだらダメだし～
きっとドイツではまともだろうが日本ではとてもまともに聞こえないよサンドラさん
ぼそぼそ
正確に言うと
ビール・ワインシャンパンは16歳から解禁
でもウィスキーなどの蒸留酒は18歳にならないと解禁されません

でも私が日本で
びっくりしたのは
ノンアルコールの
ビールとかも
未成年禁止
だってこと！
あれって
何でですかねぇ？
ビールの味が
ダメってこと？
ノンアルコール
未成年
日本って不思議
ノンアルコル
カロリーオフ
あ〜〜〜 あれは
私もちょっと
謎〜〜〜
ダメなものは
ダメなのかしらね
まあ 日本人は
「ビール」はお酒！
って認識が
強いからでしょうけど
ドイツでは——
ビールは
流れる
パンです
酵母も
ビタミンも
入ってて
栄養も豊富
だからね
これだけでも
生きられる
んだよ 人間は！
酒じゃないのよ
ビールは！
食べ物！
…
あの人
本気で
言ってるの
かしら

よく日本人
サラリーマンが
街中で
酔っぱらって
転がったりして
いるのを見て
ドイツ人
たちは
まるで
初めて酒を飲んだ
10代の子供
みたいだな――
ありゃあ
日本人
ちょっと
カッコ悪いよ
はは
と思っているので
皆さんも
お気をつけて
ドイツ人見ている…
でもサンドラさん
日本人の年間
ビール消費量は
550万kℓで
ドイツは
840万kℓ
世界7位と5位で
そんなに変わらない
って知ってた？
※2013年のデータです
えっ
どんだけビール
飲んでるの
日本人!?

おまけ
あっ そうだ！
！
ドイツ人が驚く日本人の姿もう一つ
夜に飲み屋であんなにドンチャンバカ騒ぎして
うわ！日本人…
翌日何事もなかったかのように仕事に励む日本人
カチャカチャ
しいーん
カチャ
カチャ
カチャ
カチャ
カチャ
カチャ
カチャ
カチャ
カチャ
…日本人怖っっ…

Sandra's column 04

ドイツの国民食と言えば「ヌテラ」！

日本では、ドイツ料理というと「ビール」や「ソーセージ」を思い浮かべる人が多いと思いますが、ドイツ人が大好きなものがもう一つあります。それは、ヌテラ（Nutella）というチョコレートペースト。ドイツではここ何十年も定番の人気商品です。

これ、朝ご飯にパンに塗って食べたり、夜ご飯にパンに塗って食べたり、白パンに塗ったり黒パンに塗ったり……って、チョコペーストを一日ずっと塗りたくってる感じです（笑）。

日本人的には「え？」ですが、ヌテラ狂のドイツ人いわく「ヌテラはチョコレートとは違うんだ。栄養バランスがいいんだ！」とのこと。

ちなみにサンドラが以前日本でテレビを見ていたら、伊達公子さんがテレビに出ていて（伊達公子さんのご主人はドイツ人のミハエル・クルムさん）、「ウチの夫の朝ご飯は、毎朝ヌテラを塗るだけなんで、楽チンです～」と語っていました（笑）。やっぱり。典型的なドイツ人ですねえ。

朝ご飯にヌテラなんてケシカランと思うサンドラは、今日も納豆・ネギ・生卵を混ぜたネバネバ朝ご飯でした。

日本はフェミニンな社会？

日本人の女の子って カラフルで いいですよねぇ
洋服も 髪形も いろいろで
というか街中が 女の子の好きそうな もので溢れている 感じ♡
占いの館
クレープ
スウィーツ
ネイルサロン
日本の社会って なんとなく 優しいところが 女性的♡
大声で争わないし 動きがカツカツ してないし
雑誌やTVの 特集とかも スイーツだったり
良い意味で 全体的に日本で 発信されている ものが女性的な イメージが するし
言われてみればそう？

それに日本では女の子が「女子力」にお金をかけることが市民権得てますよね
ネイルサロンに行く女子に「贅沢すぎる」とかみんな言わないですし
KAWAII♡
でもこれがドイツですと
車とかサッカー観戦とか釣り道具とか大工道具とか
男性的なものを買うのには誰も文句を言わないが
肌が荒れるから化粧クリームが欲しい…？？？
だと？

贅沢だな ニベアで 十分だろう
さて オレは サッカー 観戦に 行ってくるぞ
そうねえ
言われてみれば ニベアで 十分よね
女子力に まつわる 出費には ドケチ
ネイルサロン なんて 影も形も なし
ガーン
そっ…それは 男尊女卑とかとは 違うもの なんですよねっ!?
女子力が 許容されない 社会
違いますっ だいたいに おいて そういう 男性的要素が 強い社会なん です〜〜〜っっ
ああ〜 私が女子力 低いのも全て 23才までドイツで 育ったせいに ちがいない〜っっ

サッカーも ビールも 車も ドイツが 有名なものは みんな 男っぽい!
だから ドイツには 「スッピン」に あたる言葉が ありません
だって女性が 化粧しない方が あたり前の 社会ですからね
ドイツ人男性は 奥さんが キレイでいて ほしいとか 思わないの かな…?
着飾ったり するのも アウトなの?
さあ…? 何にも考えて ないようにも 思いますが
あっでも 日本人の女の子が ぶりっ子っぽく 振る舞うのに対して
ドイツ人の女性は 媚びてなくて 自立してる 感じだよね
すごく 強いイメージ
男前な かっこいい感じ の人多いよ
能力重視で 女を売り物に しないっていうか
首相の メルケルさんも そうだよね そんじょそこらの 男には負けない感
かっこいい〜 日本に女の 総理大臣が 出るのは いつの日か

う〜〜〜ん 確かに 絶対 女を 売り物にしたり しないけど
ひゃあああっ
…でも年齢の割りに 胸がものすごく キレイです
決める時には こんな胸の開いた ドレス着ちゃう メルケルさん
2008年 オスロでの オペラ鑑賞
ってゆーか ドイツ バイエルン地方の 民族衣装って これだし
Dirndl ディアンドル
これを着る時は これ専用のブラジャーを つけるのよ♡ ぐいっと寄せて上げる ヤツ♡
めっちゃ かっ かわいい… けど！
嫁入り前 の娘が これを 着るのかっ

日本で あれ着たら 人になんて 言われるかっ
メッ メルケルさんの 胸元だって 日本に 置きかえたら 総理大臣がスーパー ビキニの水着着た くらいの大騒ぎに なるよっ
スーパービキニ着た総理大臣とか想像したくない〜〜
ってか女子力許容 されない社会で 半乳《はんちち》許容って どゆこと!?
やっぱ男社会か!?…ぷっ
女子力とは関係ないの
ドイツ人は男女とも 裸になることに 抵抗がないんですよ
これはちょっと前の 話だけど イタリアのビーチで
裸で日焼けする ドイツ人が 大問題になり 警察沙汰に!!
Mamma mia! (なんてこった!)
Quello che erotico! (なんと いやらしい!)
disgustoso! (イヤッ!)

だから現在では各国にドイツ人のための「ヌーディスト・ビーチ」ができているという嘘のような本当の話…
今の話で驚いたのはイタリア人が意外に保守的だってことだわ…
イタリア人って解放的じゃないんだい
ドイツ語のヤフーニュースには真っ裸でやるヨガのニュースとか平気でありますしね
日本では裸はアダルトなものだけどドイツでは「裸」はスグそこにあるものなんです
でも日本人ってほんっとに不思議ですよねえ
なんで温泉で他人と裸でお風呂に入れるのに公園で裸になれないんでしょうねー
そっかじゃあ銭湯や温泉で堂々と裸になってる外国人はドイツ人なワケね
見分けやすいわー
いやそこに限っては「裸で赤の他人と同じお湯につかるのは嫌!」っていうドイツ人多いです
どっちが変なんだ——っっ

ドイツの学生は……

ドイツが
どれくらい
女性的な
おしゃれについて
厳しいかと
いうと

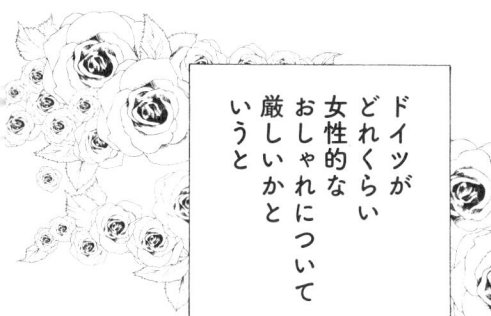

学生時代の
サンドラさん
髪の毛
パーマもかけず
茶色直毛
毎日ほとんど
こんな感じ
ふつうの
ポロシャツ
ふつうの
ジーンズ
サンドラって
見た目で
点数かせごうと
してるわよね
うん
ずるい
なんで
やねん
ッ
だって髪を
いつもきれいに
ストレートに
して
小奇麗に
している
もの！
マジかと
思い
ましたわ

Sandra's column 05

ドイツ人はなぜ裸に抵抗がない？

なぜ、ドイツ人は男女共に裸になることに抵抗がないのか。それは、「裸＝自然」だから。これに尽きます。
隠すことこそ不自然、気取ってる、だからサウナも男と女が一緒に（！）入ってるんです！

ドイツに駐在することになった知り合いの日本人女性のお話。彼女は、ドイツのスポーツクラブでサウナに初めて入った時、ほんとぶったまげたそうです。だって、オッサン、オバサン、１００キロ、１５０キロ、若い女の人などなど、みんな、男女一緒に（他人同士なのに）サウナで汗流してるんですよ！

ところが彼女、不思議なもので、最初はビックリしたものの、あまりにもドイツ人が当然のような顔をしてサウナで汗を流しているのを見て（←誰も恥ずかしがっていない）、そういう気持ちってうつるのか、彼女自身も、何日か経つと、男女一緒のドイツのサウナに入っても何も感じなくなったのだそうです。
人の感覚って数日間でこんなに変わるものなのですねぇ〜〜。

そんなこんなで、彼女はドイツのサウナに通うようになっていたのですが、何週間か後に……なんとサウナで「日本人男性の同僚」

にバッタリ会ってしまったのだそう。もちろん、その日本人男性もスッポンポン。

あれだけ「ドイツ流の『恥ずかしくない』」に慣れていたはずの彼女でしたが、「日本人同士」ということで、自分も相手も本当に恥ずかしくなってしまって、サウナでお互いスッポンポンの中、「あ……どうも」と挨拶するのが精一杯だったそうです。

「そうでなくても熱いのに、顔から火が出る思いだったわよ!!」

とのことでした。

このサウナ事件の後しばらくは会社で顔を合わせるたびにお互いにとても気まずく恥ずかしかったそうです。

やっぱり「恥ずかしい」という気持ちが伝染するのでしょうか。人の感覚って不思議ですね。

イメージと違う日本人

ふ〜〜〜〜ん ドイツ人が日本に来て 驚くことってこんなに あるんだね〜
そもそも 「イメージと違った！」 って驚くこともありますよ 「日本人ってお酒に弱いと 思ってたのに 毎日飲んでる！」とかね
日本人は 働きすぎて 死ぬ人種だとか 思ってるドイツ人も 結構います
カロウシって言葉 ドイツでも 有名なんですよ
あでも来日して 日本の会社見た ドイツ人は 「確かに夜遅くまで 残業してるけど 結構ダラダラ 働いてる人もいる」 って言いますねー
うわー よく見てるわ ドイツ人！
ぎゃはは
でも それでも やっぱり 日本人はいつも 忙しいイメージ

だって日本人は ヨーロッパ旅行とかで 昨日はドイツ 今日はスイス 明日はフランス って旅の仕方してるし
ドイツ人は一ヵ所に 3週間くらいいて バカンス過ごします からねえ
急げ 次はスイス
次はフランス
ドドドドド
だら〜〜ん
だからたまに 日本人で ゆったり旅してる バックパッカー 見ると
忙しくない 日本人も いるのねえ
ほほう めずらしい
あとスシが握れない 日本人がいて 驚くとかもある
いやそれ ほとんどだから! あれは修業 しないと ダメだから!
そんな期待されても ムリッス
あっでも 寿司はムリでも のり巻きとか ドイツ人に作って あげると 感激される そうだ

ちなみにドイツ人は周りからどういうイメージを持たれたがってるの？
ふふっそりゃあ
spontan《シュポンタン》!!
…スカポンタン…？
違いますシュポンタン!!
シュカポンタン…

spontan
シュポンタンというのは「衝動的な」「場当り的な」とかいう意味で「その場のノリや空気で突飛なことをする」というようなことです
名詞ではSpontaneität
=
偶然発生
例えば突然「今○○さんに会いたいな」と思ったら次の瞬間電話する
はっ
僕は今マリーとお茶が飲みたい
もしもしマリー?
で1時間もしないうちに会ってお茶を飲む
spontan!!
???…偶然お互いタイミングが合って良かったねというか…
うーんというか何の計画もなく思いつきで行動できるってドイツ人にとっては陽気でパッと決断できる人間としてとても評価されることなんですよね
気まま心のむくままに行動する

だからspontan崇拝というかspontan万歳みたいなところがあって
自慢じゃないけど オレって spontanな人間だろ？ ハハッ
Ich bin ein spontaner Mensch♡
私は衝動的な人間です♡
って自慢する人もいるくらい…
ひっくり返せば そんなにシュポンタンに憧れてしまうくらい 実はドイツ人が真面目で堅実だってことよね…
だから昔からドイツ人がイタリアに対してなんとなく抱く憧れのような感情も
イタリア人が非常にspontanで明るくてノリの良い人々だからという気もしなくもない
イタリア人…♡ シュポンタンな人たち…♡
陽気なイタリアン
チャオ～♡

ハッ
じゃあ ドイツ人にとって 真面目で 働いてばかりで 忙しいことが自慢で 予定調和が 大好きな日本人は …
う…
確かにドイツでは 計画や予定を こなすことばかり するタイプは ちょっとバカに されるというか
私なんぞも ドイツから 来た友達が
ねー サンドラ 今から 会わない？
今から スキーに 行くけど 一緒しない？
あっ 今日はもう ふさがってて
明日から 京都行こうよ ——
京都っっ ごめん 1週間後 なら
ごめん スキーは 来週に ならないと
Diary
今夜 泊まりに 行くね
部屋 片づいてない から無理ッ
明日から 京都!?

ふーん サンドラ 忙しいのねえ TVに出たり 有名人だわねー
フフーン
君って spontan じゃないねー
予定に 縛られ すぎよ
サンドラ 君って 仕事 ばかりで 病気だよ
ダサいな ── すぐに 出てこられ
spontan 万歳の人たちって たまに オレ様オーラ 満載な人がいて
そういう人は 相手が都合よく 飛んでこないと バカにする んですよ
日本には 貧乏ヒマなしって 言葉があるん だよ──ッ
spontan じゃなくて 悪かったな ──っっ
どうせ 私は半分 小忙しい 日本人よ ──っっ
ふ──っ
でもなんか シュポンタンって カワイイ言葉 だよねー
日本でも 流行らない かなー♡

日本は長寿国なのに……

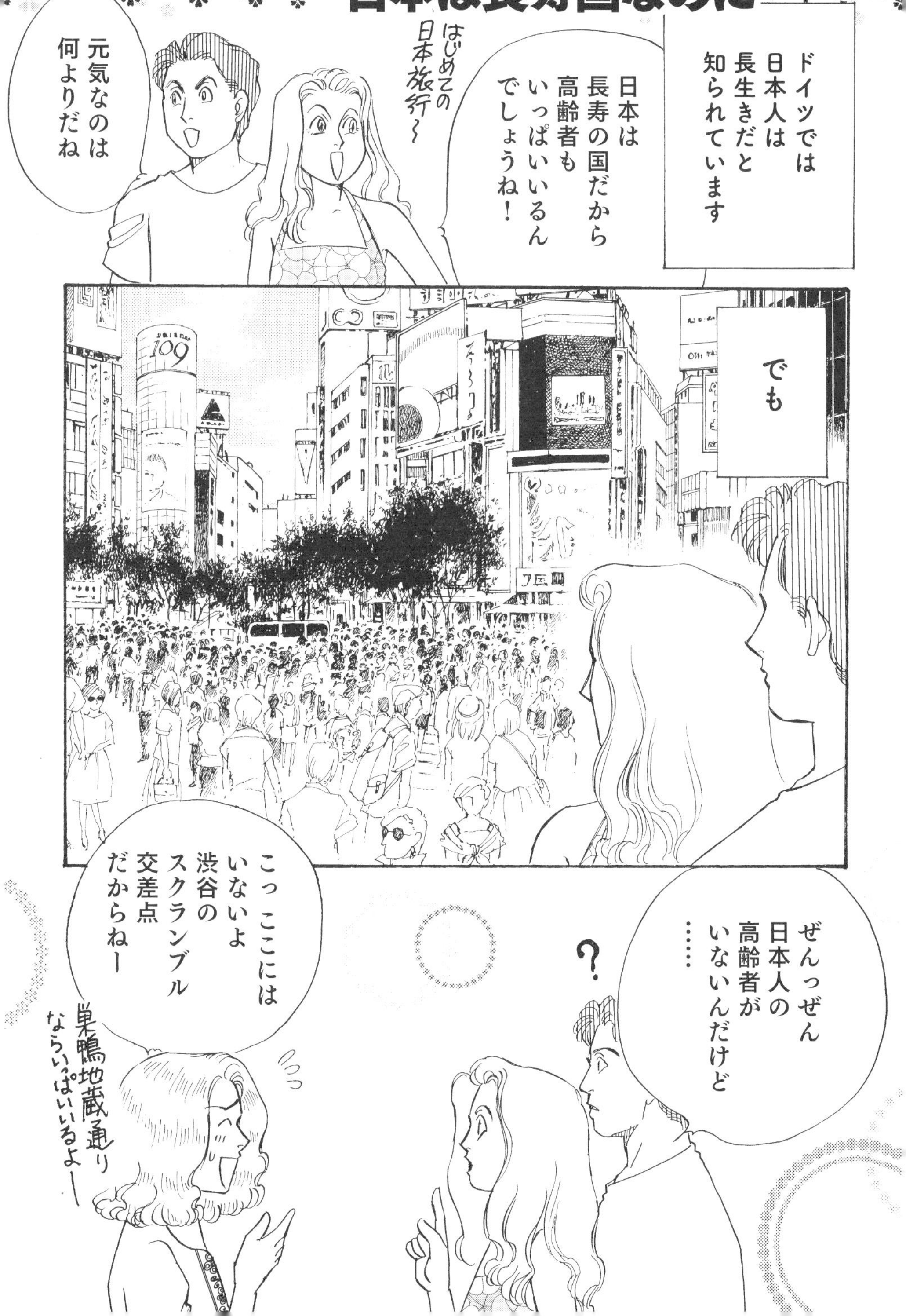

ドイツでは日本人は長生きだと知られています
日本は長寿の国だから高齢者もいっぱいいるんでしょうね！
はじめての日本旅行～
元気なのは何よりだね
でも
ぜんっぜん日本人の高齢者がいないいんだけど……
?
こっ ここにはいないよ渋谷のスクランブル交差点だからねー
巣鴨地蔵通りならいっぱいいるよー

Sandra's column 06

日本は何でも値段が高い!?

ドイツ人が日本に対して抱くイメージの一つに、「日本は何でも値段が高い!!」というのがあります。

だから、ドイツ人が日本に来て「松屋」や「吉野家」、回転寿司などのチェーン店を見ると、「え～？　けっこう安く食事できるお店、あるじゃん！」とビックリするみたいです。

ドイツ人に「日本イコール高い」という思い込みがあるのは、東京の家賃が高いことや、高級寿司店では値段が書かれていないことがあるという情報がドイツで報道されているからなんですね。それを聞いて、「日本はなんでも高い！」と思っちゃうみたいです。

食事に関しては、むしろ日本の方がドイツよりもリーズナブルな値段でランチできるお店とか多いのに！（日本の１０００円ランチは、けっこう豪華だけど、ドイツだと外食はもっともっとお金がかかります。飲み物を注文するだけで、５００円とか。日本はお水がタダで出てくるから、ランチは本当に料理だけを頼めばよくて、サイフに優しい！）

Sandra's column 07

ドイツ人が喜ぶプレゼント

ここで、ドイツ人が日本人からもらって嬉しいプレゼントについてお話しましょう。

日本ではお土産やプレゼントのやりとりが盛んですよね。昔からお中元とかありますし。一方、ドイツではモノのやりとりはあまりありません。

ですので、日本のちょっとした物をプレゼントすると、無邪気にめっちゃ喜ぶドイツ人が多いです（笑）。それこそ、190センチ、150キロの巨漢のドイツ人がプレゼントを持ってピョンピョン飛び跳ねる感じ（笑）。子供みたいで可愛いですね。

また、本人の名前を漢字で書いてあげると、ものすごく喜ばれます！　筆ペンで書いてあげれば、こちらが嬉しくなるぐらいさらに喜んでくれます（笑）。ただ、その時、決して真面目になってはいけません。

たとえば「Sebastian Hofmann」という名前の場合、カタカナで「セバスティアン　ホフマン」と書くのはやめましょう。ドイツ人は「字画の多い漢字」がカッコイイと思ってますから、たとえ日本の感覚だと暴走族のような名前になってしまっても、字画の多いものを書いてあげるに限ります。

ですので、思いっきり「瀬波栖手射庵　帆富満」と書いてしまいましょう。ドイツ人からものすごい笑顔が返ってきますよ！

日本ならではの犯罪にびっくり!

日本…平和な国だな…
実は日本には犯罪があまりないと思っているドイツ人が多い
109
これは日本の細かいニュースなどがドイツでは報道されないことが理由だが
そりゃそうだ
三住J銀行
ATM
だから
いらっしゃいませ
振り込み詐欺にご注意‼
通帳記入
お引き出し
お振込み
お預入れ
…?

ああ それは オレオレ詐欺 防止のための 画面ですよ
日本では お年寄りを狙って 子供や親族に なりすました詐欺で 年間550億円もの被害が 出ているんです
平和な日本人が そんな卑怯な犯罪に 手を染め あまつさえそれに 騙されてそんな高額な 被害が出ているなんて!!
Nein! Nein~~~~~!
日本の皆さん ドイツの方たちの ちょっとした期待を 裏切らないよう 犯罪に手を染める のはやめましょう！
ちょっと待て、それって良いこと？ 悪いこと？ by警視庁。
ましょう！
ドイツ人だったら 子供に高額の 振込みなんか 絶対しないー お金に厳しいから♪

ドイツ人からみた日本女性

ドイツ人から見た日本女性のイメージは小柄で大和撫子
ルーシー・リューみたいなまっすぐで腰までの黒髪
だから来日して日本人の女の子たちが茶髪にしたりシャギーやパーマをかけているのを見ると
Schwarze lange japanische Haare sind doch so schön...!
（黒くて長い日本人の髪は本当にキレイなのに…!）
なぜ本来の美しさを大切にしない!?
叶姉妹とか見ても最初ビックリ
…あ☆でもこれは僕の好みかも

まぁドイツ人男性の好みってわかりやすい感じですよ
大きい胸で髪フワフワで唇がてかってる挑戦的なポーズみたいな
あっはっはー
そりゃ世界中の男もそうじゃない？
ただ日本人男性だとそういう女性に太刀打ちできないからさ——
体格的にも
でもまあ日本人女性って割とモテますよね
それって時々聞くけどなんでだろう？？？
自分たちとは異なる容姿にエキゾチックさを感じるし
なによりやわらかい物腰にぐっとくるんじゃないですか？
えー
日本人でも物腰がきつい女性もいるけどなー
欧米の比じゃないか…

渋谷駅前
でも日本人女性は自分の容姿に自信がないナンバー1って報道されてましたよね？
日本人の国民性で「自信満々!!」とは言えないってのもあるだろうけど
奥ゆかしさとか自重が美徳だから
日本人は昔から自分たちのことちんちくりんで足が太くて短くてずん胴で目が小さくて顔がでかいってコンプレックスあったからね——
今の子はだいぶ体型については克服してきてるけどさー
それに比べて外国人は足が長くて小顔で…
それ!!
ビクッッ

私よく日本にいるドイツ人女性に相談されるのが
ねえねえサンドラ〜〜〜
あたし 年中日本人の女の子に「顔が小さい」って言われちゃうのよー「後頭部も小さい」って
私もこの間パーティで女の子たちに囲まれて「顔が小さい」「顔が小さい」って〜〜〜これって嫌がらせよねえ
小顔… いいじゃない羨ましい…
欧州では「顔が小さい」ってホメ言葉はないんですよ
むしろ頭が小さいって「脳ミソが入ってないみたい」って意味ですから
!
ひどいよぉぉ〜〜〜
そんなにあたしたちバカに見えるの!?

考えればギミック
に…日本人が こんなに化粧とか 髪形とか工夫して 小顔に見せようと 努力してるのに…
あ それから 「お人形さん みたい〰〰〰♡」 もほめ言葉じゃ ありません
「中身が 全くない人間」
と言われて いるに等しいと 取られかねません
もし 日本人女性が 「こけしみたいに 可愛い」って 外国人に言われたら…
…そりゃ なんとなく 傷つくね …
いや なんとなく

美意識って やっぱり ないものねだりで
故ダイアナ妃などは ドイツでは 「美人だけど 鼻だけ残念」って 言われてましたよ
それは ヨーロッパや 中東では 「鼻が小さい人が 美人」と言われて いるからで
西欧・中東では 鼻を小さくする 整形手術は けっこう 人気なんです
嬉しい〜〜〜 鼻が 小さくなった ——♡
だから コシがなくて 薄い髪のドイツ人 には日本人の 黒髪は羨ましいし
何より日本人の 鼻の小ささって 超羨望!
「アナタの鼻は 小さい」って 間違いなく ホメ言葉 ですからね!
…なんだか 妙に 納得できん な…

Sandra's column 08

ドイツ人女性は何を褒められると喜ぶ？

ドイツ人女性と初対面の場合、あまり外見などを褒めないのが無難かもしれません……。
というのは、ドイツには「初対面で褒める」という文化がなく、また、よほど仲良くならないと「容姿」を褒める、ということもあまりしないのですね。
「容姿」に関しては「太っている」「痩せている」も、とりあえず触れないでおくのがドイツでは無難だったりします。「人の容姿」について、もしかしたら日本の方が気軽に口にできるのかもしれません。「女子トーク」ではお互いの容姿のことも言い合ってぶっちゃけちゃったりしますし、初対面で相手の容姿のことを言うのも「褒める」ぶんにはオッケーだったりしますよね。

それに、ドイツ人は（日本人的な感覚から見ると）ひねくれている人が多いので、初対面でうっかり相手を褒めてしまうと「もしかしたら、この人はワタシを宗教に勧誘しようとしているのではないか……？」など、よからぬ方向に考えてしまうのがドイツ人です。
「相手がここまで優しくしてくれるのは、なにか裏があるのではないか？」と思われてしまうことも。

でも初対面ではなく何回か会って、気が合うな、ちょっと気心知れてきたな、と感じたら、“Du bist wirklich originell!”（「あなたは本当にオリジナリティー溢れる人ね！」という意味）と言うと喜ばれるかと思います。男性が女性に「君は本当にオリジナリティー溢れる女性だ（まいったな）」と言えば、もしかしたら恋に発展するかもしれません（笑）。責任はとりませんが。

originell というのは、本来は「創造的」だとか「一風変わった」という意味なので、なにかこう「（他の人は）君にはかなわない」ということを相手に伝えてあげると喜ぶ人が多いですね。ドイツ人、単純？（笑）

そもそも、ドイツの場合、ビジネスライクな関係や、打ち解けていない関係の場合は「あなた」と言う時に、Sie を使います。Du を使うのは打ち解けてから、しかも Du を使うのはお互いの了解を得てから、というドイツ流の「距離感」があったりしますので、「相手を褒める」のも「Du」の関係になってから、の方が自然ですね。

良い意味で言うと丁寧、悪い意味で言うと昔風で他人行儀な Sie を使っている状態のまま相手を褒めても、なんだか距離が縮まっていないのに一方が距離を縮めようとしている……という少し一方的

Sandra's column 08

な人間関係というか片思い的な人間関係になりかねない場合もあります。

ちなみに右記 originell に並んで、とても仲良くなったら喜ばれるのが〝Dich gibt es nicht zweimal !〟（直訳すると「君は2回いないね」⇑2回いないということは、世界に一つ、という意味！つまり褒めてます）という言い方。これも、男性が女性に言ったら恋が生まれる……かもしれません（笑）。

っと、難しい話を色々書いてしまいましたが、笑いをとる方法もあります。本人のキャラ次第ではありますが、たとえば、長くて量が多く奇麗な髪の毛をしている女性がいる場合。そして初対面の男性の頭が非常に寂しい（つまりはハゲ）場合……男性が女性に〝Sie haben wirklich wunderschöne Haare...so lang und so VIEL !〟（「貴女の髪は本当に奇麗ですね……とても長くて、そして、とても量が多い！」）と言えば、相手に笑ってもらえるでしょう。

基本、この手の冗談は、ドイツでも場が和みます。男性がこの手のことを言うと〈自分のいわば欠点といいますか、特徴を笑い飛ばせる〉という男の余裕なるものを、初対面で相手の女性に見せることができるので、とても有効です。

ただ、右記のような、ある意味自分の寂しい頭と比べて相手の髪を褒めるならともかく、相手の体だとかをジロジロと見て褒める男性は、あまりドイツ人女性には好かれないですね。……って、これは日本も同じですよね！

何をもって「和む」のか、または何をもって「不愉快」と感じるのかは文化によっても違うことが多いですよね。でもこれを意識しすぎていては何も言えなくなってしまい会話も弾まなくなってしまいますので、変に萎縮せず会話を楽しめたらいいですね。

どぎついジョーク

容姿の話
ばっかりに
なっちゃうけど
ドイツではいっとき
「金髪ジョーク」が
流行ってて
金髪?
例えば
金髪美女の
耳に懐中電灯
を当てると
Was《ヴァス》?
（何?）
中がカラッポ
なので
目が光る
ぎゃ───っ

金髪女性の目を覗きこむと脳ミソがないので頭蓋骨の裏側が見える
ピーマンってこと?
ドンッ
!
金髪女性は鳥を殺そうとして窓からつき落とす
昼間にマットレスを持って街を歩いている金髪女性の目的は会社の面接試験
これが私の面接書類
カラダで仕事をとるってヤツ
…
これは金髪女性がオツムが弱くて性に奔放というイメージからのジョークですね
ドイツ人…ひどっ
容赦ないなー

えーーっ
だけど日本
だって
胸の大きい
女性のこと
巨乳!!
って呼んで
偏差値が低いって
バカにしてるの
聞いたこと
ありますよ
あれの方が
不思議!
えーーっっ
日本って幼な顔で巨乳好き
言われてみれば
そうよね 日本って
なんで巨乳って
オツムが弱いって
イメージに
されてんだろ
胸でっかくて 頭いい子 いっぱい いるのに
ドイツ人は
裸を見慣れてるから
胸がたいして
気にならないのは
わかる気がするケド
コラ
コラ
まあでも
金髪でいうと
ヨーロッパのモデルの
40%が金髪だって
言いますから
結局
ヒガミ
ですよね
あー
巨乳も結局
ヒガミかもねー
ははは

これもコミュニケーション?

しかし何度も
言うけど
ドイツ人のジョーク
ってすっごく
キツイよね…
えーーっ
こんなの序の口
ですよ
かるーく言っても
オランダ人へのジョーク
イタリア人へのジョーク
アメリカ人へのジョーク
アジア人へのジョーク
(以下各国へのジョーク)
釣りをする人へのジョーク
汚いジョーク
麻薬ジョーク
バイアグラ・ジョーク
デブ・ジョーク
法律ジョーク
軍隊ジョーク
教師ジョーク
数学者ジョーク
政治家ジョーク
喫煙者ジョーク
両親ジョーク
女性ジョーク
男性ジョーク
教会ジョーク
で ほぼ
全てのジャンルに
対してバカにする
ブラック・ジョークが
あります♡
容姿なら
職業なら
人種なら
うわあ
あぁぁん
大丈夫ですよー
マニアックって
いうぐらい
細分化されてて
ジョークの対象に
ならない人は
誰もいないって
感じですから
ドイツ人は
心が鋼鉄
すぎっ
日本人は
ガラスの心の
持ち主だから
泣くっっっ

ド…ドイツ人
怖ぇ…
日本人って
悪口や愚痴や
批判って言っちゃ
いけないって
思ってますよね――
!
でも
ドイツ人は
全部大好き
です…
ドイツ人が集まる
会合へ行くと
初対面で自己紹介も
そこそこに
天気が
悪すぎる
政治が
悪すぎる
環境汚染が
ひどすぎる
食品も何を
食べれば安全
なのか
わからない、
これも何も
企業努力が
足りないからで
仕事が多すぎる
景気が
悪すぎる
それもこれも
みんな…
政治家
不信
あれも
問題
これも
問題
考えられん
アホばかり
あれが
最低で
これが
最低で
まったく
クソみたいな
世の中だ

でも
愚痴や不満を
言いながら
ドイツ人は
妙に楽しそう
ドイツの場合
あまり
前向きな発言
ばかりしてると
批判の一つも
できない
教養のない人だと
思われちゃったり
するんです
だから
悪口にも
比較的
寛容だし
これ一つの
コミュニケーション
スタイル
なんですよね
すごい
ネガティブ
コミュニ
ケーション
スタイル…
そう!
ドイツ人は
ネガティブ
大好き
ネガティブ
上等!!
皮肉屋とか
ニヒリスト
とも
言うかな
でも
そう考えると
私もスキだわ
そーゆーの
愚痴や
不満の一つや二つ
言いたいよ
言えない世の中
の方がヘン。

ちなみに…
?
そんなドイツ人が一番苦手なタイプは
アメリカ的ポジティブ感
YEAHH
Think positive!!
Yes! We can!!
明るく前向きで行こう!!
うわ〜白い歯〜
前向きすぎる〜
気持ちわるい…
ありえない…
アレルギー反応出る人多いです
でも日本人はアメリカ的ポジティブが好きな人多いですよね…それも不思議…
…

Sandra's column 09

旧東ドイツの人は空気を読むのが上手？

空気を読むのが得意な日本人。「こうして」「ああして」と口に出さずとも自然とその場の「空気」を読んで、行動できるのが日本人。特に会社という現場ではそれを強く感じます。

じゃ、ドイツ人はどうなの!? と聞かれると、はい、ぶっちゃけ自分も含めて空気を読むのはあまり得意でない人が多い印象です。ただし、サンドラの印象だと旧東ドイツの人は空気が読める人が多いように感じます。

ですので、旧東ドイツの女性は日本や海外で大活躍！ もともと、旧共産圏のシステムとして、子供を預けて働くことに罪悪感がないということも大きいかもしれません。ちなみにメルケル首相も旧東ドイツ出身です。

ただ、旧東ドイツでは深刻な社会現象も起きています。優秀な女性が旧東ドイツを出てしまう傾向があるため、日本の田舎や地方都市のように過疎化が起きているのです（優秀な女子は上京して、残るのは高齢者や男性という……）。

ところで、日本語で言う「旧東ドイツ」は、ドイツ語では Neue Bundesländer（「新連邦州」）と言います。１９９０年のドイツ再統一の際に、「新しく加わった」ために、「新」というふうに入っているのです。日本語では「旧」で、ドイツ語では「新」というのが面白いですね。

Sandra's column 10

いかついドイツ人が日本で可愛らしくなる瞬間

ドイツという国は「寒い」ということ以外では、非常に恵まれた土地です。ドイツに地震はありませんし、当然津波もありませんし、火山が噴火したりもありません。

土砂崩れもあまり聞かないし、最近はハリケーンがたまにあるものの、定期的にやってくる台風もないです。「自然災害で家が壊れた」というのはドイツ人にとっては本当に信じられないことだったりします。ドイツの感覚だと「家」たるもの、２００年ぐらいは普通にもつ（いや、もっと長くもつ！）という感覚で住んでますから。

ですので、日本に来たドイツ人が地震を経験するともう大変！少し揺れ始めただけで、即、災害用のヘルメットを手にし（←ドイツ人は準備が良い＆心配性）、ヘルメットをかぶり、蒼白い顔でウロウロ。それが１９０センチで１５０キロの大男だったりしますからね。

揺れが強くなると（といっても震度3くらい）、真っ青な顔で黙りこむ人、大泣きする人、ふだんはカトリック教会から離れているのに、いきなり呪文のようにお祈りを始めるドイツ人もいます。

地震はドイツ人を相当なパニックにさせるのです。地震に慣れた日本人から見たら、そんなドイツ人が少し可愛らしく見える瞬間かもしれませんね。

ドイツ人女性に必要不可欠なもの

最初日本に来た時 香水使ってる人が少ないのでびっくりしましたー
香水？ あ 確かに
いるけど少ないよね
混んでる電車とかに香水つけて乗って後ろのおじさんがクシャミとかすると
香水が強かったのかなーって気になっちゃう
くしゅん くしゅん
アハハ 日本人いろんなアレルギーの人多いからねー
あと お寿司屋さんとかに香水つけてくと嫌がられますよね
食べ物の香りが死ぬって これは日本だけじゃないかな
うん 食べ物に香水の匂いが混ざるのはやだねえ

それに比べてドイツ人も含め欧米人女性にとって香水は必要不可欠なものなんです
食べ物の香りよりも明らかに優先されている！
寒い冬にはバニラ
春はフローラル夏はフルーツ系とか
しかも季節ごとだけじゃなく天気がいい日の香水
勝負の時の香水
家族といる時の香水
それどころか何もしない普通の日の香水なんて決めてる人もいて
ヨーロッパの子供は誕生日に
ひゃー
プレゼントとして香水もらったりもするし
子供用の香水もある

そ…それはさよく昔は欧米人はお風呂に入るのが嫌いで体臭を隠すために香水使ったとか言ったよね
それは昔！
昔は今ほど頻繁にお風呂に入りませんでしたからね
でも今は完全におしゃれ！
西欧の気候は日本ほど湿気がないのでお風呂入らなくてもOKだったとか
西欧女性にとっての香水ってもしかしたら日本女性のお化粧と同じかも！
化粧品はあまり持ってないけど香水はいっぱい持ってるって人多いんですもん
お化粧より香水!?
うっわー文化が違う〜〜〜…

ドイツで仕事をするなら……
大手企業に勤め管理職をしている日本女性がドイツに転勤になったとたん
ドイツ人からよく聞かれることそれは…
Bist《ビスト》 Du《ドゥー》 eine《アイネ》 Praktikantin《プラクティカンティン》？
ガーン
Bist《ビスト》 Du《ドゥー》 eine《アイネ》 Praktikantin《プラクティカンティン》？（あなた研修生の人？）
またかっ
日本人は若く見えるとかそんなんともちがう どうして どうして？？ 部下もいっぱいいるのに
あー そりゃ謙虚な物腰のせいですよ
えっ

日本人って謙虚でいることが普通になってるというか
実るほど頭を垂れる稲穂かな
謙虚な物腰こそ最高の評価を得られる日本の美徳!!
でもドイツは違うのだ!!
偉い人はでかい態度
私はできる人間ですオーラ満載
遠くから見ても立ってる姿見ても一発でわかるレベル
会社でのぼりつめたのに謙虚なオーラを発するドイツ人なんて限りなく少ない
えーーっ
だから彼女の日本人的謙虚で優しいオーラは研修生にしか見えないんです

そんな優しい謙虚な態度を見せていると
露骨にナメられてしまうという状況が起こる可能性がある
外廻りどこ行くのか説明しろ
コピー取ったわよ あと何すりゃいいの
で?次のプロジェクトは?
だからドイツで仕事をするなら謙虚を捨て「偉そうな態度」を身につけ徹すること
悪いけどアタクシかなりできる上司なのよナメないでね
さっその辺のドイツ人アタシについていらっしゃい
栄光がなんたるものか見せてあげるわ
え――っエラソーな態度なんてアタシにはできないなぁ
やだわー
え!?
だってエラソーにしてて仕事の成果出なかったら恥ずかしいし
なにしろ責任取らされる破目になるのイヤだし!
うわーめっちゃ日本人やなー
とにかく静かに目立たなく生きてるのが一番楽よ

Sandra's column 11

ドイツ人は意外にマニュアルにこだわらない？

ドイツ人は「真面目」というイメージがあるかと思いますが、意外にも「仕事のマニュアル」にはあまりこだわりません。たとえばタクシー。日本では、運転手さんは「車を運転する」こと以外に、あまり何もしてくれないけど、ドイツの運転手さんは荷物を運んだり色々してくれます。

サンドラがドイツで暮らしていた時のこと。ミュンヘンの実家は長い『しげみ』を通らないとたどりつけない場所にあるのですが、夜中2時や3時にタクシーで家に帰ったときは、その『しげみ』の前で降ろしてもらっても、私一人で『しげみ』を通らなきゃいけないのが非常に怖いわけです。だって『しげみ』に誰か隠れてるかもしれないし……。かといって、『しげみ』を通らないことには家には帰れない……。

で、私はいつもタクシーの運転手さんにチップを多めに渡して（こういう時、チップって便利！）、「すみません。『しげみ』が怖いので、玄関まで歩いて同行してもらえますか」といつもお願いして、玄関までタクシーの運転手さんと一緒に歩きました。幸い、タクシーの運転手さんが悪い人ということはあまりない話（ミュンヘンは比較的治安が良い）から、こういう時ドイツはいいなって思います。

『しげみ』はですね、昼間は緑がいっぱいで、可愛いリス（！）

Sandra's column 11

がいたりして好きなんですが、夏の日の夜中の『しげみ』はレイプ魔がひそんでるんじゃないかって考えると超!! こわい〜。

もう一つ、ドイツのタクシーのエピソードを。

それはある夏の日のこと。お友達とミュンヘンのビアガーデンに行った帰りに、私が一人で歩道を歩いていると、その横の車道をタクシーが通り過ぎようとしていました。夏の気持ちのいい夜で、タクシーの運転手さんは窓から顔を出して、こう言ったんです。「今日の業務は終わったんだ。Forstenried の方向へ行くけど、乗ってく? タダだよ〜」って。私はそのタクシーに乗って、タダでForstenried まで送っていってもらいましたとさ。

タクシーの運転手さんとおしゃべりして、タダで送ってもらえて、かなり楽しかった〜。

これはある意味ミュンヘンの治安がいいから&ドイツ人(タクシーの運転手さん)がマニュアルにこだわらないから、成り立つことなのですね。でも良い子の皆さんはマネしないでくださいね。

また、何年か前にサンドラがドイツはフランクフルトに遊びに行った時のこと。

現地のデパートで、ある運動靴を探していて、デパートの店員さんに相談したところ、この方がとてもフレンドリーな方でした。なんと彼女は「ここのデパートには、アナタの探している靴はないけど、このデパートを出てね、歩行者天国をまっすぐ歩くと、左の角っこに靴屋さんがあってね、そこにアナタが言ったような靴があるわよ。行ってみたら？」と言ってくれたのです。

で、実際に、そのお店に行ってみたら、私の探している靴があったんです。……この話、日本だと考えられないですよね。まず店員さんは、ある意味「ライバル店」の情報を客に与えてる（笑）。

でも、それは客を本当に思ってのこと。そういう、マニュアルにこだわらず、人間レベルで親切な人がいるのがドイツなんです。ドイツのそういうところ、本当に好きです。

日本だったら、デパートの店員さんにはいろんな縛りやマニュアル、そして「上司の目」があって、たとえ「個人レベルで本当はお客さんに教えてあげたい」と思っても、結局はそれが難しかったりしますよね。そういうマニュアルにとらわれない「個人レベルの優しさ」が通りやすいのが、ドイツです。

金髪男性はセクシーじゃない!?
さて悪口言いながらやっぱりブロンド女性が好きなドイツ男性
セ… セクシー
なんだよそれ ただの好きな子いじめちゃう小学生じゃん
ではドイツ女性はブロンド男性をどう見ているのか
情熱的に見えない!!
※あくまで一般論です
セクシーじゃない!!

じゃあ どんなんが 好みなの？
黒髪 濃い眉 情熱的な
アモーレ
この胸に 飛びこんで きておくれ!!
イタリア人か ギリシャ人か スペイン人 みたいな 濃い系の顔
ああ セクシ〜〜〜……
彼の潤んだ 黒い瞳から 逃れられ ない〜〜〜 ♡♡♡
って かんじ〜
なんとなく ヨーロッパ ロマンス 小説の ヒーローって 感じよね
わかりやすい

日本の教育は「努力」主義？

日本人の子供って
お笑いの人
ボク 将来宇宙飛行士になりたい
サッカー選手
パイロット
アタシお医者さん～♡
マンガ家～
総理大臣…
頑張ればなれるだろ
やればできる子だしね アンタ
今から決めなくても大学入るまでくらいになんとなく決めときゃいいさ
努力すれば夢はかなうよ きっと
でもドイツでは
ルーカス・アルトドルファー あなたは今年小学校卒業ですが数学の成績が芳しくありません
これでは大学進学は無理と思われますので職業校への入学をお勧めします

えっ
しかも ドイツの小学校 グランドシューレの 卒業は10歳です
え゛ーっ
はい ドイツの子供は 10歳で将来は 大学に進学するか 職業校に行くかを 選択させられるんです
えーっ それって 10歳で人生の 岐路に 立っちゃう ってこと じゃない
たった10才で
ドイツの学校 システムって こうなんです
小学校を 卒業したら ハウプトシューレ ルアールシューレ ギムナジウムの 3つのうちどれか に入学するのですが
Grundschule《グルンドシューレ》
小学校1年生～4年生
（6歳～10歳）
Hauptschule《ハウプトシューレ》
5年生～9年生
（10歳～15歳）
Realschule《レアールシューレ》
5年生～10年生
（10歳～16歳）
Gymnasium《ギムナジウム》
5年生～13年生
（10歳～19歳）

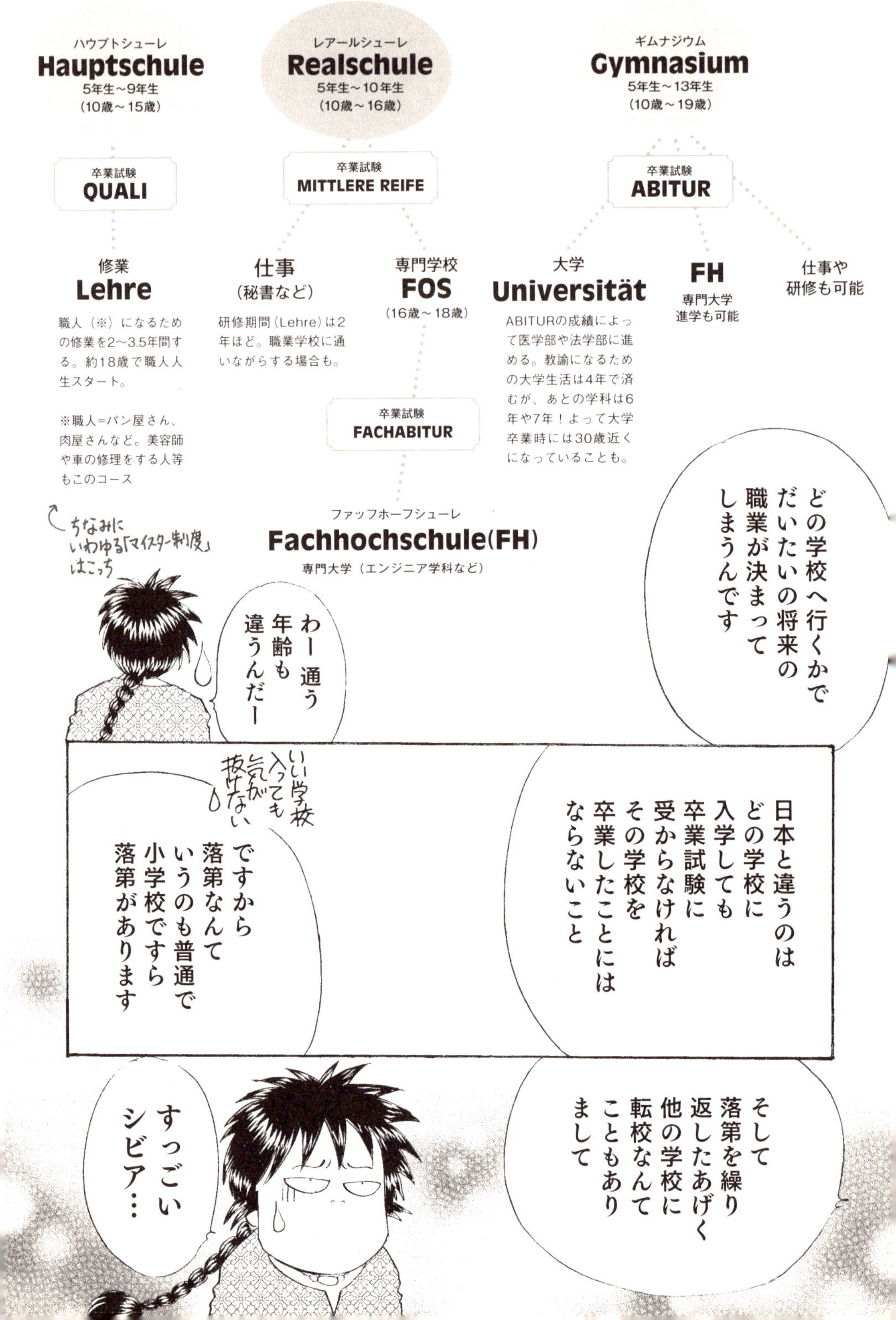
Hauptschule《ハウプトシューレ》
5年生〜9年生
（10歳〜15歳）
Realschule《レアールシューレ》
5年生〜10年生
（10歳〜16歳）
Gymnasium《ギムナジウム》
5年生〜13年生
（10歳〜19歳）
卒業試験
QUALI
卒業試験
MITTLERE REIFE
卒業試験
ABITUR
修業
Lehre
職人（※）になるための修業を2〜3.5年間する。約18歳で職人人生スタート。
※職人＝パン屋さん、肉屋さんなど。美容師や車の修理をする人等もこのコース
仕事
（秘書など）
研修期間（Lehre）は2年ほど。職業学校に通いながらする場合も。
専門学校
FOS
（16歳〜18歳）
卒業試験
FACHABITUR
大学
Universität
ABITURの成績によって医学部や法学部に進める。教諭になるための大学生活は4年で済むが、あとの学科は6年や7年！よって大学卒業時には30歳近くになっていることも。
FH
専門大学
進学も可能
仕事や
研修も可能
Fachhochschule(FH)《ファッフホーフシューレ》
専門大学（エンジニア学科など）
ちなみに いわゆる「マイスター制度」はこっち
どの学校へ行くかでだいたいの将来の職業が決まってしまうんです
わー 通う年齢も違うんだー
日本と違うのはどの学校に入学しても卒業試験に受からなければその学校を卒業したことにはならないこと
ですから落第なんていうのも普通で小学校ですら落第があります
いい学校入っても気が抜けない
そして落第を繰り返したあげく他の学校に転校なんてこともありまして
すっごいシビア…

ドイツって「生まれ持った才能」を重視する傾向があるんですよね
だから例えば数学の成績が上がらなければ「数学に向いていないのなら別の方向へ早く行った方が良いのでは」と考える
合理的…なのかなやっぱり
ある意味時を無駄にしないよねー
生きる手段をいち早く身につけられるし
でもねぇ…日本みたいに努力することが重んぜられて「頑張れば苦手を克服して夢をつかめるはず!」っていうのもいいなぁって感じるんですよね
やっぱり文化の違いだねぇ
考えれば考えるほどどっちがいいのかって答えられなくなるなー

Sandra's column 12

一番は一番でも何人中の一番？

どういうわけだか、日本では「ドイツ人は優秀」だとか「ヨーロッパ人（白人）は優秀」だというイメージがまだまだあるようです。日本以外のノーベル賞受賞者に白人が多いからでしょうか。

しかし！ぶっちゃけ、サンドラの経験で言うと、ドイツ人の言う「僕はいつも学年で一番の成績だった」という情報は、実は世界レベルではあまり使えない情報だったりします。と言いますのは、ドイツのクラスは、１クラスに18人、そして学年に２クラスしかなかったりするから、「学年で一番の成績」というのは、ぶっちゃけ「36人中の一番」だということなんです（笑）。

ところがところが！中国人の言う「私は学年で一番の成績だった」というのは、なにせ、なんだかんだ言って人口の多い国ですから、１クラスが50人ぐらいで、学年に５００人や６００人、場合によっては１０００人近くいるわけです。ですので中国人の言う「私は学年で一番だった」というのは、ドイツ人の右記の「36人」とは違って、だいぶスケールが大きいわけです。なんたって、６００人中の「一位」ですからね。

一事が万事この調子ですので、中国人が中国国内で「優秀」だと見なされる場合、ぶっちゃけ、日本に行ってもドイツに行っても、世界のどこの国に行っても通用する優秀さがある、というのがサンドラの印象です。

サンドラの元同僚にも、電話をしながら、電卓で計算をし、翻訳をしながら、荷物も片手でパパッとまとめてしまう、というマルチ才能の中国人女性がいました。ストレスに強いし、同時にいくつものことができるしで、本当に頭が下がりました。そして聞いてみたら、やっぱり学年で一番だったとのことでした。

ドイツの「一番」はハッキリ言って、ちょっとヌケたところがあります。成績はいいんだけど、荷物がまとめられなかったり、「同時に複数のことをする」ことができなかったり、どこかトロかったりします（笑）。ドイツ人の見た目は怖そうなのに、そのギャップが面白いですね（笑）

Sandra's column 13

ドイツ語を習うとサッカーが上手くなる⁉

サンドラはよく日本人に「ドイツ人ってどうしてあんなにサッカーが上手いの？」と聞かれます。たしかに2014年のワールドカップのドイツ対ブラジルで、「7：1」でドイツの勝ち！という結果を見ると、こういう疑問がわくのも分からなくはないです。

サンドラの周りでは、「サッカーが上手くなりたい」という動機でドイツ語を習い始めた（！）日本男子もいます。「ドイツ語を習えばサッカーも上手くなるはずだ」って（↑本当？笑）。その彼、「ドイツ語を始めてから、サッカーでも瞬発力がついた気がする」って言っていました。本当ですか⁉

サッカーに関してはまったくの素人のサンドラですが……確かに、ドイツ語の方が日本語よりも「瞬発力」が求められる言語だとは思います。ドイツ人と会話をしていると、ポンポンポン、っと早い回転で会話が進んでいくので、パッと、いやポッと気が利いたコメント（ウイットがきいていたり、皮肉だったり）が言えることが求められます。このことをドイツ語ではSchlagfertigkeitと言います（日本語訳→当意即妙）。ドイツでこのSchlagfertigkeitが身についている人はなにかと周りから尊敬されます。

もしドイツ語学習のおかげ（？）でサッカーも上手くなっているのだとしたら、限りなく喜ばしいことです（科学的根拠はありませんが……）。

日本人は時間にルーズ!?
日本人にとっての時間厳守とは朝 遅刻しないで会社に来ること
ザッ
ザッ
ザッ
ザッ
ピッ
ピッ
ドイツ人は
ぴったり就労スタート!!
5時ッ
ぴったり退社ッ
ドイツ人にとっての時間厳守は朝 遅刻しないで会社に来ることと夜退社時間にキッチリ帰ること
だからドイツ人にとって日本人は
日本人時間にルーズ!!
時間守れよ!
カチャ
カチャカチャ
残業
残業
カチャカチャ
残業
カチャカチャ
…だそうです…。

本当は優しいドイツ人
ハジメ君は東京でテニス・プレイヤーを目指していた青年だったんだけど
ある時プレイヤーとしては致命症となるケガを足にしてしまい
ちょっと落ちこんでいる時にドイツ人の友人レオポルドからドイツに遊びに来いと誘われて
憧れだったボリス・ベッカーの国か…
松葉杖でドイツ行きの飛行機に乗りました

ところが連絡の行き違いか
ジーーッ
えーーーっ
せっかくマンションに着いたのにレオポルドは留守
なぜかケータイもつながらないので仕方なくマンション前の公園のベンチへ
ふーっ
時は初夏の昼下がり少し時差ボケもあってハジメ君はそこでウトウト
気持ちいい～
スー
ところがほどなく
つんつん

…え？
…大丈夫？
？
大丈夫
だけど…？
そう
なら
いいや
ところが
その5分後も
ぐいっ
ぐいっ
あなた!!
お腹
すいてるの？
それとも
お水がいい？
私の家
すぐそこだから
休みに来る？
寒いんじゃ
ないの？
え…？
いやボク
友人を待っている
だけで
大丈夫ですから
ハジメ君は
あれこれ言ってくる
おばあさんに
説明しました

ところがまた数分後
…おい
大丈夫か？
！
そして4人目に声をかけられた時ハジメ君は気がつきました
…医者呼ぶか？
ボクが…松葉杖だから
ケガして病気の東洋人が具合悪そうにベンチにぐったりしてると思って
この人たち心配してくれてたんだ

助けてくれようとして
…う
全く見ず知らずの人間なのに
うううう…
わああっ
きゃーーーっ
大丈夫っ!?
ぐしゅっ ぐしゅっ…
あなた! やっぱり病院行った方が
ハジメーーッ
ごめん! 道が混んでてケータイもバッテリー切れで
えーーっ どうしたんだハジメ!
まったくダチを待たせるんじゃねーよ!
ほんとに何時間ケガ人を待たせたの!

実はハジメ君テニスを諦めなければならなくなって
おこられちったよ
思った以上に落ちこんで悩んでいたのが
このことでちょっと心が暖かく軽くなったような気がしたとか
まあ好きなだけのんびりしてけよハジメ
こういうのをドイツ的母性本能
おせっかい
と言うそうです

Sandra's column 14

ドイツ人のハートの底に流れているもの

ドイツの本屋さんに入ると、入り口の目立つところに売れている本がヒラ積みにされているのですが、それらの本は「遠い地（多くの場合、世界の貧困国）」で理不尽な目に遭った「女性」や「子供」の体験本であることが多いです。それだけ、ドイツ人は他国の悲惨な状況に興味を持ち、色々と思いをめぐらせているのですね。マララ・ユスフザイさんの本は日本でも売れましたが、ドイツでは一時的なものではなく、昔からああいう本が年中ヒラ積みになっているのです。

つまり、一般の市民でも他国の戦争や内戦、飢餓や女性差別的な政府の方針に興味を持ち、目をつぶらないんですよね。それを「おせっかい」「内政干渉」ととらえることもできますし、実際に世界ではそうとらえられてしまうドイツ人も多いのですが、でもハートの底には「優しさ」があります。だからこそ他国の、自分とは何の血縁関係もないとある「少女」の運命が気になって仕方ないし、いてもたってもいられず、その国の政権批判を大声で始めてしまうドイツ人……。

いっけんキツそうに見えるのは確かなのですが、やっぱり「公平でないことが許せない」「気持ち的に世界の理不尽さを許せない」という気持ちが非常に強い人が多いのは確かです。

また、ドイツでは日常の中、たとえばテレビの中でも自然な感じで障がい者が登場します。雑誌でも、とある商品の広告ページに家族5人（お父さん、お母さん、子供3人）で団らんしている写真があったのですが、真ん中に写っている子がダウン症でした。

日本の場合は、ダウン症を紹介する番組などを作る時はもちろんダウン症の人たちを登場させますが、ふだんの、たとえばテレビのコマーシャルや雑誌広告に自然な感じでダウン症の人を登場させることはあまりないようですね。ドイツはそういう意味で平等だなあ、いい社会だなあと本当に実感させられます。

ドイツって、なんていうか「パッと見た華やかさ」は少ない国かもしれません。町の景観など景色は良いですが、ミッドタウンや虎ノ門ヒルズのような華やかな一角もないですし、人々のファッションだって日本やフランス程おしゃれではないですし、全体的に「省エネモード」ですしね。

ディズニーランド的な楽しさはないドイツだけれど、ただ、いろんな場面でそういう細かいこと（ダウン症児が自然な流れで登場する商品のコマーシャルなど）を目にして、なんというかジワジワと「いい社会だなあ」「いい国だなあ」と思わされる場面がドイツでは多いです。

エピローグ

は――っ
どっ どしたの サンドラさん
ここまで 書いちゃって ホントドイツ人って キツイし クセがあるし マイペースだし 皮肉屋で どーしよーも ないなーなんて 思ってしまったー
わああーん 私の半分の母国 なのに――っっ
アラ 私は逆に ドイツ人って ちょっといいなー なんて
思って しまったよ?

ひねくれてて でも真面目で ちょっと抜けてて カワイくて 見た目はいかついけど ウソは言わないし 合理的だけど 妙な優しさも あったりしてさ
つき合ったら すごく 面白いと 思うの
こーゆー人がいたら 友達とか できれば 親友になりたい レベルよ
えーーっ ホントですかーーっっ
うん
でも強そうに 見えて神経細くて ビビリ屋で 強がりばっかり 言ってて 変人ですよ!?
あーーっ ウソウソ!! 優しいし おせっかいだし 愛敬ないけど 正直だし
テレ屋だし いつも戦闘体勢 だけど 内面はホントに いい人間ばっかり なんですよーーっ
それでね それでねーっっ ドイツ人ってーー
それより わしら日本人も ドイツ人に 友達になりたいって 思ってもらいたい もんだわねーー♡
今は イタリア人に 負けてる みたい だけど

原作者あとがき

皆さま、最後まで読んでいただいて、ありがとうございます！

「ドイツ人」をテーマにしたコミックエッセイ、いかがでしたでしょうか。ドイツ人に対してある種の憧れを抱いていた人は、もしかしたら、がっかりさせてしまったかもしれませんね。ごめんなさい。

日本とドイツの間で育った私は、子供の頃から周りの大人に「日本人とドイツ人は似ている！」と言われることが多かったのですが、子供の頃から私は「全然ちがう！」と思っていました。確かに自動車産業や技術面においてなど日本とドイツには似ているところがあるのかもしれませんが、性格面に関してはかなりの違いがあります。また、ドイツ人は「勤勉、誠実、真面目」「優秀」といったイメージを抱かれることも多いのですが、実際のドイツ人は私も含めもっと不器用でマヌケです。

ですので「真実のドイツ人」をお伝えすべく、流水りんこ先生と一緒にドイツ人にまつわるコミックエッセイを出すことは私の長年の夢でした。

流水りんこ先生の描くドイツ人は本当にリアルです。ページをめくると実物のドイツ人がそこにいるようです。本を作るにあたって流水先生が激務の中、コミカルでリアルなドイツ人を描いてくださったことに深く感謝いたします。流水先生、本当にありがとうございました。

そして前作の『満員電車は観光地!?』にひき続き、ＫＫベストセラーズの榎本紗智さんにはお世話になりっぱなしです。榎本さんのキメ細やかな仕事のおかげでこの本が無事完成することができました。本当にどうもありがとうございます。

なお本の中で様々なエピソードとともに色々なキャラクターのドイツ人を紹介しましたが、こちらは「ドイツ人全員」に当てはまるものではありません。日本人もいろいろなら、ドイツ人もいろいろです。

本にはやたらマヌケなドイツ人が登場しますが、私もその一員であるのはもちろん、私が半分ドイツ人であるから許される自虐なのかな、と思いながら、なるべくコミカルなエピソードを選ばせていただきました。自分の国に対する自虐も、自分の国への「愛」があってこそ。そう、この本、実は「ドイツ人への愛」が一つのキーワードです。

この本を通して少しでもドイツ人に親近感を持っていただけたら、こんなに嬉しいことはありません。

最後に一つ。ドイツ人とお友達になる時は「週末の話」をすると仲良くなれます。なにせドイツ人には週末至上主義の人が多く、ドイツ人の一週間は週末を中心にまわっています。つまり週明け月火は週末の遊び疲れがまだとれないため仕事に本腰を入れるのは水曜日、そして木金はまた次の週末の遊びの計画に忙しく仕事に身が入らない……といった、つまり「ホンキで働いているのは水曜日だけ」という非常にリアルな笑い話があるぐらいです。もし読者の皆さんも、どこかでドイツ人と仲良くなったら、ぜひ月曜日に会う約束をして「週末どうだった？」（Wie《ヴィー》 war《ヴァー》 Ihr《イア》 Wochenende《ヴォッヘンエンデ》?）と聞いてあげると、週末ネタで盛り上がること間違いありません。

さて本当に最後になりましたが、取材に応じてくださったドイツ人の皆さま、この本に登場した私の記憶の中のドイツ人の皆さまにも深く感謝いたします。

皆さま、最後まで読んでいただき改めてありがとうございました。

サンドラ・ヘフェリン

漫画家あとがき

流水りんこです。この本をお読みいただきましてありがとうございます。

前作『満員電車は観光地!?』を描いている時、原作のサンドラさんのドイツネタがあまりにも可笑しく驚くような話ばかりだったので思わず「ドイツに特化した本出せばいいのに！」と私が言った言葉にＫＫベストセラーズの榎本さんが乗ってくれ実現した本です。

コンセプトはサンドラさんの「ドイツへの愛あるがゆえの突っ込み」。ドイツの人々が本当はどんなことに憧れていて、こだわっていて、笑いや怒りのツボはどこにあるのか。日本人との違いに愕然とするところもあり、今までのドイツ人のイメージが少し変わるのではないかと思います。ド、ドイツ人ってこんなこと考えてたんだ……。

でもそれが分かると次第に違った親近感がわいてくる気がしませんか？　国が違えば習慣も感覚も違うのが当たりまえ。その違いを互いに楽しむことができれば、たぶん友達になるのは簡単なことなのではないでしょうか？　この本がほんのちょっとでも互いの理解と新しい友情の入り口になってくれたら本当に嬉しいです。

最後に、いつもびっくりするほど話題と引き出しが豊富なサンドラさん、またいつも的確なアドバイスと応援をしてくれるＫＫベストセラーズの榎本さん、お二人とまたもや楽しいお仕事ができて光栄でした！　ありがとうございました！

ではでは読者の皆さま、またお近いうちにお会いしましょう～♪

流水りんこ

サンドラ・ヘフェリン
Sandra Haefelin

1975年生まれ。ドイツ・ミュンヘン出身。日本歴17年。日本語とドイツ語の両方が母国語。自身が日独ハーフであることから、「ハーフとバイリンガル問題」「ハーフといじめ問題」など、「多文化共生」をテーマに執筆活動をしている。著書に『ハーフが美人なんて妄想ですから!!』(中公新書ラクレ)、『ニッポン在住ハーフな私の切実で笑える100のモンダイ』(共著／KADOKAWA)、『日本人、ここがステキで、ここがちょっとヘン。』(共著／大和出版)、『満員電車は観光地!?』(共著／KKベストセラーズ)など計10冊。

■ Twitter:@SandraHaefelin
■ HP:「ハーフを考えよう」http://half-sandra.com/

流水りんこ
Nagami Rinko

漫画家。1983年、『魍魎伝説』(廣済堂)でデビュー。ホラー漫画家として活動したのち、バックパッカー時代のインドでの経験や、インド人男性との国際結婚、2児の育児を題材としたエッセイ漫画も執筆。代表作『インドな日々』(朝日新聞出版)、『インド夫婦茶碗』(ぶんか社)など著作多数。日常のささいなことを丁寧にユーモラスに描く作風が人気で、人物の表情の豊かさやギャグの面白さに定評がある。近刊に『満員電車は観光地!?』(共著／ベストセラーズ)、『流水りんこの南印度は美味しいぞ～!』(主婦と生活社)、『オカルト万華鏡』(朝日新聞出版)など。

■ Twitter:@RinkoWaters
■ HP:「りんこNIVAS」http://www.nagamirinko.com/

「小顔」ってニホンではホメ言葉なんだ!?
ドイツ人が驚く日本の「日常」

2015年10月5日　初版第1刷発行

著　者　原作：サンドラ・ヘフェリン　漫画：流水《ながみ》りんこ

発行者　栗原武夫

発行所　KKベストセラーズ
〒170-8457　東京都豊島区南大塚2丁目29番7号
電話03-5976-9121（代）
http://www.kk-bestsellers.com/

装　丁　斉藤いづみ[rhyme inc.]

DTP　株式会社オノ・エーワン

印刷所　錦明印刷株式会社

製本所　株式会社積信堂

ISBN 978-4-584-13670-6　C0095